AF498373

LA
COMPASSION DE L'ÉGLISE

POUR

LES MULTITUDES QUI ONT FAIM

SERMON DE COLLECTE

PRÊCHÉ A LA CHAPELLE TAITBOUT

PAR

EDMOND DE PRESSENSÉ

LE DIMANCHE 25 JANVIER 1863

Se vend en faveur des ouvriers sans travail par suite
de la crise cotonnière.

PARIS

LIBRAIRIE DE CH. MEYRUEIS ET Cᵉ
RUE DE RIVOLI, 174

—

1863

Ce discours a été prêché à la chapelle Taitbout, le 25 janvier. Plusieurs de mes auditeurs ont pensé qu'il pouvait contribuer à propager le généreux mouvement de charité qui a commencé dans notre pays et dans nos Eglises. Je cède à une telle considération, quoique je sache très bien que surtout sur de tels sujets la parole vivante ne se remplace pas. Je n'ai pu retrouver qu'une esquisse de ma prédication, et tout en moi s'oppose à un développement oratoire refait à froid sur de si grandes souffrances. Il n'y a pas autre chose dans ces pages qu'un cri du cœur s'adressant au cœur. Nous n'avons pas, comme nos frères anglais, le puissant moyen des meetings publics pour ébranler notre pays. La chaire chrétienne a seule eu le droit d'y faire entendre de véhéments appels à de grandes assemblées. Il est donc très nécessaire

que ces appels se propagent et appuient ceux qu'une por-
tion de la presse a si noblement fait entendre à la France.
Ces appels doivent d'autant plus se multiplier aujourd'hui
que la souscription nationale s'est élargie pour subvenir
aux souffrances de tous ceux qu'atteint le chômage. Nous
nous adressons ici à l'Eglise de Jésus-Christ, c'est-à-dire
à toutes les Eglises. Plaise à Dieu qu'elles comprennent la
grandeur exceptionnelle de leur devoir dans cette crise
où tout est de nature à les émouvoir.

Paris, 30 janvier 1863.

E. DE P.

LA

COMPASSION DE L'ÉGLISE

POUR

LES MULTITUDES QUI ONT FAIM

> Et Jésus étant sorti de la barque, vit une grande multitude, et il fut ému de compassion envers eux, et guérit leurs malades. Et comme il se faisait tard, ses disciples vinrent à lui et lui dirent : Ce lieu est désert, et l'heure est déjà passée; renvoie ce peuple, afin qu'ils aillent dans les bourgades, et qu'ils y achètent des vivres. Mais Jésus leur dit : Il n'est pas nécessaire qu'ils y aillent; donnez-leur vous-mêmes à manger. Et ils lui dirent : Nous n'avons ici que cinq pains et deux poissons. Et il leur dit : Apportez-les-moi ici. Et après avoir commandé que le peuple s'assît sur l'herbe, il prit les cinq pains et les deux poissons, et levant les yeux au ciel, il rendit grâces; et ayant rompu les pains, il les donna aux disciples, et les disciples les donnèrent au peuple. Tous en mangèrent, et furent rassasiés; et on emporta douze paniers pleins des morceaux qui restèrent. Et ceux qui avaient mangé étaient environ cinq mille hommes, sans compter les femmes et les petits enfants. Aussitôt après, Jésus obligea ses disciples d'entrer dans la barque et de passer avant lui de l'autre côté, pendant qu'il renverrait le peuple.
>
> (MATTHIEU XIV, 14-22.)

Une pensée pleine de douceur me saisit dès l'entrée de cette prédication : c'est qu'au moins aujourd'hui dans toutes les Eglises de notre grande cité régnera une unanimité trop rare. Dans toutes les chaires de Paris, catholiques et protestantes, retentira le même

appel au nom des mêmes souffrances. C'est que, quelles
que soient les divergences de vue qui séparent les diverses fractions religieuses de notre pays, nous sommes
unanimes pour lui porter un même amour. Ici il n'y
a plus ni majorité ni minorité; nous appartenons également à la patrie, nous lui avons voué tous un filial
amour et jamais il ne se fait mieux sentir qu'au jour
d'une épreuve nationale. J'espère que nous allons
montrer à ceux qui prétendent que la France est ca-
tholique — ce qui n'est pas, car un pays, comme pays,
ne saurait professer une religion officielle — à ceux qui
nous traiteraient volontiers comme étrangers dans la
patrie commune, j'espère, dis-je, que nous allons leur
montrer par notre libéralité combien cette fibre est
vivante en nous et combien nous sommes touchés des
maux publics. Mais c'est surtout comme chrétiens que
dans une pareille circonstance nous sommes amenés
à une sainte unanimité. Nous pouvons être divisés
sur la manière de comprendre l'autorité de l'Eglise,
ou bien telle ou telle formule du dogme, ou bien telle
ou telle application de la morale, mais quand il s'agit
de charité, tous les adorateurs du Crucifié sont élevés
à la hauteur où tout dissentiment cesse. La charité,
c'est la fin de la loi éternelle, c'est la fin ou la con-
sommation de notre religion divine, et quiconque se
réclame de la croix sait bien ce que le sacrifice du Dieu
abaissé et immolé pour le secourir lui commande
pour secourir ses frères. Le devoir est clair pour toutes

les Eglises, il est pressant, il a pour lui l'impulsion naturelle du cœur et de la conscience aussi bien que le dogme essentiel de la révélation évangélique. Puisse une sainte jalousie de charité se propager aujourd'hui d'Eglise en Eglise, et puissé-je contribuer à l'exciter en vous! Je voudrais que ce culte ne fût pas une vaine forme : or il le serait s'il ne modifiait pas vos résolutions, s'il ne vous faisait pas plus donner que vous ne le vouliez d'abord. Je ne viens pas simplement solliciter votre concours comme citoyens, comme hommes, c'est aux chrétiens que je m'adresse, c'est aux membres de l'Eglise de Jésus-Christ que je parle et je voudrais vous montrer comment à ce titre déjà vous devez aujourd'hui faire quelque chose de grand et d'extraordinaire dans l'ordre de charité, quelque libérales qu'aient pu être vos offrandes. Que Celui dont je vais, comme toujours, vous présenter la divine image, notre modèle à tous, et dont j'invoque la présence, obtienne de vous tout ce qu'il vous demande très positivement par ma voix!

Le touchant récit que j'ai choisi nous présente l'amour compatissant dans une de ses applications les plus simples, dans celle précisément à laquelle nous sommes sollicités à cette heure. Cet amour était essentiellement un amour miséricordieux. Jésus-Christ, a-t-on dit, était un homme qui a eu compassion. Ne craignez pas de rien ôter à sa dignité par une telle définition. Avoir compassion pour tout ce qui souffre,

une compassion universelle, immense, infinie et surtout capable de soulever et d'enlever ce terrible fardeau de la condamnation, c'est vraiment représenter
la charité suprême, c'est s'élever au-dessus de notre
race orgueilleuse et égoïste autant que le ciel s'élève
au-dessus de la terre, c'est *venir d'en haut*, du plus
haut des cieux, du sein du Père où repose le Fils
unique et bien-aimé, c'est manifester l'essence de Celui qui s'appelle amour, c'est incarner Dieu, c'est
être le Verbe fait chair, l'Homme-Dieu ; car le cœur
d'un Dieu est seul assez vaste pour une telle douleur
et sa puissance assez grande pour une telle délivrance.
L'homme qui a eu compassion au sens absolu, c'est
donc le Seigneur de gloire que nous adorons avec
l'Eglise universelle et au pied duquel nous tombons
comme Thomas en nous écriant : *Mon Seigneur et
mon Dieu,* après avoir vu la trace des clous dans ses
mains et ses pieds et du glaive dans son côté, c'est-
à-dire les saintes et sanglantes traces de son amour.
Je reprends sans crainte cette belle parole : Jésus-
Christ est un homme qui a eu compassion. Elle
nous est rappelée par ces mots qui ouvrent le récit
de la multiplication des pains : *Il vit une grande
multitude et il fut ému de compassion envers eux.*
Cette compassion porte sans doute premièrement
sur les misères morales de cette multitude. Dans
le passage parallèle de Luc nous lisons que Jésus
fut ému à la vue de ces brebis d'Israël sans pas-

teur. Sans pasteur! Elles ne l'étaient que parce qu'elles le rejetaient. Quel berger plus bienveillant, plus secourable que celui qui donne sa vie pour ses brebis! Que n'entendaient-elles sa voix, elles si promptes à suivre le premier mercenaire venu! Où allaient-elles loin du Maître qui a les paroles de la vie éternelle... Il le savait, lui; de là son ardente pitié. Cette pitié ne lui laisse aucune illusion : c'est un faible amour que celui qui vit d'illusion. L'amour puissant cherche la vérité; or la vraie situation de l'âme humaine, tant qu'elle est sans Dieu, est affreuse. Son infortune est sans égale et aboutit à la perdition. Le mercenaire n'en parle pas, parce qu'il veut exploiter le troupeau pour sa gloire ou son intérêt, mais le bon pasteur évoque sans cesse ces sombres et terribles images parce qu'il veut sauver et qu'il sait où conduit l'insouciance morale. Il le sait, il le voit, il le sent, il s'associe par une véhémente sympathie à cette douleur sans remède et sans fond; il l'éprouve non-seulement pour ceux qui l'entourent mais pour toutes les créatures perdues. C'est pourquoi rien ne l'arrêtera pour accomplir son œuvre de délivrance, ni l'ignominie, ni l'outrage, ni la croix, ni le sépulcre. Par cette compassion, il est déjà la victime immolée de la charité; aussi le pousse-t-elle au sacrifice extérieur et sanglant, seul remède suffisant pour de tels maux. Telle fut la pitié de Jésus-Christ pour les multitudes au point de vue spirituel. Telle doit être la nôtre,

si nous voulons achever comme saint Paul les souffrances du Rédempteur. Mais enfermés dans notre
froid égoïsme, nous n'avons que bien peu de pitié
pour la plus grande des infortunes qui se réalise près
de nous, je veux dire la perdition de l'âme immortelle
qui se consomme sous nos yeux dans notre famille
peut-être, en tous cas partout autour de nous. Ce sentiment nous traverse parfois, il ne nous possède pas.
Non, nous n'avons pas pitié des âmes. Si vraiment
nous avions compassion, quel brûlant langage nous
saurions leur parler, et comme nous les persuade-
rions de se tourner vers la croix. Cette pitié-là, nous
devons l'éprouver devant toute multitude. Il n'est pas
nécessaire qu'on y rencontre la livrée de la misère,
les signes de la pauvreté et de la souffrance. C'est
surtout devant la foule brillante qui encombre les
maisons de fête que cette compassion doit nous saisir.
Là est l'affreuse indigence d'un cœur sans Dieu et
qui l'oublie, la pauvreté qui s'ignore elle-même sous
le mensonge de la richesse et de la prospérité. La vue
d'une foule humaine dans un monde auquel l'Evangile est étranger a quelque chose d'accablant et de
navrant. Si ce sentiment nous avait plus souvent
serré le cœur, nous aurions jeté davantage notre pain,
le pain de la vérité rédemptrice sur ces eaux agitées
et souillées, notre témoignage eût été plus fré-
quent, plus suppliant et nous aurions plus souvent parlé de cette pitié autrement grande et puis-

sante que la nôtre, puisque d'elle est sorti le salut du monde.

J'ai pris jusqu'ici le mot de multitude dans son sens le plus général, en tant que comprenant une masse nombreuse et confuse. Mais si je lui donne un sens plus particulier, celui que nous donnons au mot de peuple, j'y retrouve une nouvelle application de l'amour compatissant de mon Sauveur. La multitude qui l'entourait, d'après le récit sacré, était précisément composée d'hommes sortant des classes inférieures de la société. Il est certain que s'il a aimé toute la race perdue d'Adam, il s'est penché avec un amour tout particulier sur ceux qui avaient porté la part la plus lourde du fardeau, il s'est tourné avec prédilection vers les classes méprisées par la fière aristocratie païenne. Les dédaignés de l'ancien monde ont été les préférés de l'économie évangélique, selon cette admirable loi de la compassion qui est tout naturellement inclinée vers la souffrance. Je hais le profane vulgaire! tel était la devise de la sagesse païenne. Je le hais, je ne m'en occupe pas, je ne descends pas jusqu'à ces obscures profondeurs. Ce n'est pas pour lui que je parle, je parle sous de magnifiques portiques ou sous les oliviers de jardins somptueux pour les sages, les savants. Et moi, ô Père, s'écrie Jésus-Christ, je te loue de ce que tu as caché ces choses aux sages et aux intelligents et de ce que tu les as révélées aux enfants, aux simples. En d'au-

tres termes, je te rends grâce de ce que la vérité
que j'apporte au monde n'est pas avant tout pour
l'intelligence cultivée, c'est-à-dire pour le petit nom-
bre et pour l'exception, mais de ce qu'elle s'adresse
d'abord au cœur et à la conscience, de ce qu'elle est
faite non pour une élite orgueilleuse, mais pour tous
les enfants des hommes, pour l'ignorant, le pauvre
et l'enfant aussi bien que pour l'homme de pensée et
d'étude. J'aime ce vulgaire qui vous est odieux, à
vous sages du paganisme, précisément à cause de
vos dédains; je l'aime, je vis avec lui, je me consa-
cre à lui et ainsi je relève ce qui est abaissé. Ce trait
du christianisme lui est tellement inhérent, mes frères, qu'il tend de plus en plus à s'imprimer sur la
société moderne malgré toute son incrédulité, parce
qu'elle a beau faire et beau dire, en tout ce qu'elle
a de juste et de libéral, elle est son œuvre. Mais
c'est aux chrétiens qu'il appartient surtout de se
pencher avec amour sur ce profane vulgaire qui
ne l'est qu'aux yeux d'un sot orgueil et qui ren-
ferme peut-être les meilleures ressources de l'a-
venir. C'est de là qu'est parti le mouvement chrétien, c'est de là qu'il reprendra son essor. A quelque point de vue qu'on se place, aucune œuvre n'est
plus pressée, plus importante que de se consacrer
avec un amour dévoué au bien du peuple, que de
tout faire pour le relever, pour le moraliser, pour
l'instruire, pour l'évangéliser, et cela non-seulement

parce qu'en négligeant ce devoir, on court le risque d'abandonner l'avenir de la société au vent et à la tempête, à des forces aveugles et indomptées qu'il s'agit de régler, mais surtout parce que c'est notre premier devoir comme chrétiens. Quelle compassion n'éprouve pas Jésus-Christ pour tout ce grand peuple ignorant ou mal instruit de nos villes et de nos campagnes! L'Eglise du dix-neuvième siècle a à remplir à son égard la plus sublime des missions, et je demande à Dieu qu'elle s'élève à la hauteur de son devoir.

Mais j'ai hâte d'aborder l'application immédiate et toute simple de mon texte. Jésus-Christ a pitié non-seulement de l'âme qui se perd, mais encore du corps qui souffre. *Et Jésus fut ému de compassion et il guérit leurs malades.* Il eut pitié de la multitude affamée. C'est là le touchant caractère d'un amour vrai, qu'il ne néglige rien, qu'il porte aussi bien sur les douleurs extérieures que sur celles de l'âme. Il suffit aux plus insondables souffrances et rien n'est trop petit pour lui. D'ailleurs la souffrance de la pauvreté est terrible et pourrait difficilement être exagérée.

Voilà donc un grand peuple autour du maître; la journée s'est écoulée, le soir approche. Ce peuple est affamé. Jésus-Christ ne lui doit rien, il ne lui a rien promis. Aussi ses disciples n'hésitent-ils pas à

lui dire : Ce lieu est désert et l'heure est passée.
Renvoie ce peuple. Ils ont sans doute pitié de cette
foule, mais leur pitié est stérile. Ils ne comprennent
pas comment on pourrait la secourir. Renvoie ce peuple! Ah! ils ne connaissent pas leur Maître, il ren-
verra l'homme orgueilleux et satisfait, mais renvoyer des souffrants qui s'attendent à lui... Tout est
possible, excepté cela. Il est venu pour eux et il les
renverrait! Il les repousserait à l'heure où ils ont le
plus besoin de lui : non, jamais!—Donnez-leur vous-
mêmes à manger, dit le Maître. Les disciples qui ne
regardent qu'à l'apparence immédiate répondent :
« Nous ne le pouvons quand nous achèterions pour
deux cents deniers de pain... » « Combien avez-vous
de pains? reprend Jésus. » On lui présente deux
pains. Vous savez ce qu'il fit de ces deux pains et
comment miraculeusement multipliés, ils rassassiè-
rent les cinq mille hommes et les femmes et les petits enfants. Voilà comme les choses se passaient il y
a dix-huit siècles quand le Rédempteur était au milieu de ses disciples. J'affirme qu'elles n'ont pas
essentiellement changé aujourd'hui. Si le prodige
extérieur ne se reproduit plus, le miracle doit se
renouveler tous les jours. Les pains ne sont plus
multipliés par une suspension des lois de la nature,
mais ils n'en sont pas moins très réellement multipliés, parce qu'une nouvelle loi a été introduite dans
le monde moral, une loi vivante qui donne ce qu'elle

commande, je veux dire la loi de la charité. Il est
certain que Jésus-Christ a introduit la charité dans
ce monde ; avant lui nous trouvons de la générosité,
du cœur, de l'héroïsme, mais je cherche en vain ce
que nous sommes si accoutumés à voir et à admirer
depuis qu'il a passé parmi les hommes, la tendre et
constante sollicitude pour la souffrance poussée jusqu'au dévouement complet, jusqu'au don de soi,
jusqu'à l'appauvrissement volontaire. Pour cela il a
fallu l'appauvrissement, l'anéantissement de Celui
qui étant en forme de Dieu a paru en forme de ser-
viteur. Pour cela il a fallu la croix, rien de moins !
Ne croyez pas que je prétende que ceux-là seuls qui
ont cru formellement à l'Evangile montrent aujour-
d'hui de la charité. Je sais que l'astre divin qui s'est
levé il y a dix-huit siècles envoie ses rayons jusqu'aux hommes qui ne l'ont pas encore salué, comme
ces étoiles dont les reflets affaiblis nous atteignent
longtemps avant qu'elles soient à notre horizon.
Dieu me garde, surtout en présence du mouvement généreux qui a commencé dans notre pays, de
faire des distinctions et des critiques là où je recon-
nais un noble entraînement des cœurs ; mais j'ai bien
le droit d'affirmer que de tels mouvements procèdent
en définitive de l'Evangile qui a appris la charité,
même au monde qui le repousse. Eh bien ! cette charité reproduit incessamment le miracle de la multiplication des pains. Le miracle est déplacé ; il ne

s'opère pas sur l'aliment matériel, sur le pain lui-même, mais il s'opère dans le cœur de celui qui le rompt, car il le transforme et l'élève au-dessus de lui-même, par un sentiment vraiment surnaturel. Or ce sentiment surnaturel produit des résultats que l'on n'eût jamais attendu d'avance. C'est qu'a-près tout le levier qui soulève le monde, c'est l'âme, et quand elle porte toute son énergie sur un point, on ne saurait prévoir tout ce qu'elle peut faire et les ressources qu'elle découvrira et centuplera. Il était aussi difficile de prévoir qu'une eau abondante jaillirait au désert du roc brûlant. Enflammez les cœurs de charité, et quelle que soit l'impuissance ex-térieure vous verrez ce que cette charité produira. En vain les gens sages diront: «Ce lieu est désert, l'heure est tardive. Nous n'avons que deux ou cinq pains. Il faut renvoyer à d'autres cette multitude qui a faim.» Si vous n'y pouvez consentir parce que vous l'aimez et que vous avez pitié d'elle, vous la nourrirez; oui, vous la nourrirez même de votre disette. Tout est pos-sible à l'amour comme à la foi. Vous donnerez plus que ce que vous pouvez donner, bientôt les res-sources abonderont, et le pain aura été multiplié. Ce fait s'est renouvelé toutes les fois que Jésus-Christ a été vraiment présent dans son Eglise..... Voyez cette Eglise de pauvres qui s'est formée à Jérusalem; elle a aussi autour d'elle une multitude d'affamés. Elle n'a ni or ni argent. Soyez tranquille, Jésus est là ! Sa charité s'émeut, chaque pauvre donne tout ce qu'il a et il se trouve qu'il avait bien plus à donner qu'il ne le savait lui-même, et on peut dire de cette Eglise ce qui est le plus beau des éloges et la plus efficace des apologies : « Il n'y avait personne en elle qui n'eût le nécessaire. » Ainsi en a-t-il été de l'Eglise persécutée. Non-seulement elle est pauvre, mais elle est appauvrie, frappée dans ses biens par d'iniques confiscations. Une multitude affamée se presse autour d'elle et au loin elle a dans les mines de glorieux captifs à soutenir. Soyez tranquille, Jésus est là ! Les pains seront de nouveau multipliés, et on pourra dire encore : Il n'y avait personne qui n'eût le nécessaire à Carthage, à Rome, à Alexandrie ! Le même miracle a été opéré partout où l'on n'a pas chassé Jésus-Christ ; même au sein d'Eglises où l'erreur s'était introduite ; la pure lumière de la vérité y était déjà obscurcie que cette flamme d'amour brûlait encore en elles, et les multitudes étaient rassasiées. Telle est la tradition de l'Eglise chrétienne. C'est que cette tradition dans tout ce qu'elle a de vraiment chrétien est comme une continuation de la vie du Christ sur la terre. Que voulez-vous qu'il y fasse si ce n'est d'avoir pitié et de secourir ! On reconnaîtra, mes frères, s'il est encore au milieu de nous, non pas tant à l'exactitude de notre doctrine, à la spiritualité de notre culte qu'à l'ardeur de notre charité et à ses fruits. Le monde va savoir si Jésus-Christ est vraiment présent parmi nous. Il va le savoir par la manière dont nous nous comporterons en présence d'un peuple affamé, car si le Christ est avec nous, à coup sûr, les pains seront multipliés.

Mes frères, n'avez-vous pas entendu monter jusqu'à vous un grand cri de détresse. Je vous en apporte l'écho à cette heure, car je viens plaider la cause d'une grande multitude qui a faim. C'est pour elle tout entière que je parle; c'est vous dire que je n'y fais aucune distinction. Notre pitié n'a pas à faire un choix, à laisser les uns pour les autres. Il ne s'agit ici ni de protestants, ni de catholiques, ni d'aucune autre fraction religieuse. Est-ce que la faim a fait un choix? Est-ce que l'affliction n'a pas passé son niveau sur toute différence? Notre cœur saigne également pour tous ceux qui ont été atteints par la crise et nous les embrassons également dans notre fraternelle pitié. Aucune affliction n'est plus digne de notre compassion. D'abord elle est immense : ce n'est pas la pauvreté individuelle qui trouve mille appuis auprès d'elle, c'est une pauvreté générale, atteignant toute une contrée. Dans cette foule comme dans celle que Jésus-Christ a rassasiée, à côté de l'homme fort dont le bras robuste est devenu inutile, n'avez-vous pas vu les femmes et les petits enfants? Qui dira ce qui se passe dans une famille ainsi frappée soudain par l'arrêt du travail? Représentez-vous ce que ce serait pour vous. Représentez-vous la pâleur de la faim au front de votre femme ou de votre enfant. Ensuite cette afflic-

tion est imméritée; le travailleur est là frémissant
dans son oisiveté forcée près de son métier inactif
malgré lui. Il brûle de dépenser sa force pour les
siens, il ne le peut. Une crise terrible l'enchaîne dans
le repos, et ce repos s'il se prolongeait sans secours ce
serait la mort. Cette affliction se recommande encore
à nous à un autre titre; elle est noblement, admira-
blement supportée. Point de murmure, point de cris
de colère, mais la soumission la plus touchante, la ré-
signation la plus admirable. Ceux qui ont été témoins
de ce spectacle en ont eu les larmes aux yeux. Et cette
crise qu'est-ce qui l'a provoqué? La plus sainte des
causes, celle qui fait battre le cœur de tout chrétien
qui n'est pas misérablement abusé par d'odieux so-
phismes, la cause de l'esclave. Certes on ne prétendra
pas que Jésus-Christ, le grand libérateur, n'y est pas
directement intéressé : il est captif avec tous ceux qui
sont sous le joug. Discutez tant que vous le voudrez
les circonstances politiques, faites ressortir sous le
drapeau de la libération, de graves inconséquences,
des actes regrettables; livrez-vous à une critique sé-
vère, si c'est là votre plaisir; je vous abandonne les
hommes, même les meilleurs, mais je n'en affirme
pas moins que Dieu est à l'œuvre. Sa main peut peser
lourdement sur le monde, qui a patiemment sup-
porté de tels forfaits, mais ce n'est pas moins une
main libératrice. Sur cette terre de péché le bien ne
peut triompher du mal, surtout d'un mal longtemps

accepté et profondément enraciné, sans d'effroyables douleurs, qui ont un contre-coup lointain. Ces chaînes de l'esclavage, elles avaient été rivées par tous les intérêts, par toutes les cupidités et toutes les lâchetés; elles ne peuvent se rompre sans d'affreux déchirements : il est de la nature de tels crimes de ne pouvoir être abolis sans rendre la réparation aussi redoutables qu'eux-mêmes. Cette réparation coûte presque autant à notre vieille Europe qu'à la jeune Amérique. Or, mes frères, ce sont les affamés de nos villes manufacturières qui payent la rançon des opprimés du Sud. Voilà ce qui imprime à nos yeux un caractère particulièrement sacré à leur souffrance et c'est ce qui nous fait un devoir si impérieux à nous chrétiens de payer cette rançon.

Cette grande multitude qui a faim et qui est plus faite sans doute pour émouvoir nos cœurs que celle pour laquelle Jésus fut pris de pitié, la voilà en face de la nation qui commence à s'ébranler, la voilà en face de l'Eglise! — Que va faire l'Eglise?... Grave question qui montrera s'il y a vraiment une Eglise! Des voix se feront entendre, non pas pour la détourner de donner absolument, mais pour s'opposer à une générosité extraordinaire. On ne dira pas précisément comme les disciples : « Renvoie ce peuple. » — Non, mais on dira : « Renvoie-le à l'Etat. Fie-toi aux secours qu'il a promis. Pourquoi intervenir largement là où il va porter ses inépuisables subsides? » Nous ne connaissons que trop bien cette funeste et mortelle disposition qui arrête les plus nobles élans dans une race généreuse. Il est temps de réagir énergiquement contre elle si nous voulons nous relever moralement et si la molle satisfaction du bien-être dans nos cités agrandies et embellies ne nous semble pas le dernier mot de notre histoire. Ce vain prétexte, l'Etat lui-même nous l'enlève, car il s'est hâté de proclamer que tout ce qu'il ferait serait insuffisant. Voici la plus belle occasion de resserrer les liens de la fraternité entre les diverses classes du pays, et d'opérer un de ces rapprochements salutaires qui retrempent l'esprit national ; mais pour cela il faut la spontanéité, l'élan individuel, l'offrande décrétée au sanctuaire de la famille, votée par le père, la mère et l'enfant au prix d'un sacrifice joyeusement offert. Quand j'admettrais, ce que je n'admets pas, que le citoyen, comme citoyen, peut être dispensé de son devoir par l'intervention de l'Etat, je ne pourrais me représenter une Eglise chrétienne demeurant passive dans un tel moment, en face d'un tel devoir, et l'abandonnant au pouvoir civil. On serait alors en droit de demander ce que vaut cette société spirituelle que l'on prétendait fondée sur l'amour pour la charité ! Qu'on se hâte de la supprimer ou, — ce qui revient au même, — d'en faire un simple département administratif. Je ne crois plus qu'au temporel si le spirituel n'intervient pas dans de telles crises et si on ne voit rien venir de généreux et d'héroïque de cette grande association de charité qui s'appelle l'Eglise. Je tiens à honneur, non-seulement pour elle, mais pour son divin Chef, qu'elle paraisse digne de sa mission et digne du Christ dans ces graves circonstances! Qu'elle se dise qu'elle ne saurait se contenter de rien de mesquin ou de médiocre! Qu'elle sache que si on est obligé de lui opposer, je ne dis pas la prudence, mais la générosité des enfants du siècle, c'en est fait de sa dignité, de son ascendant sur cette génération. J'entends déjà les voix ironiques qui s'écrieraient de toutes parts : Où est le Christ! Dans quel sépulcre l'a-t-on déposé! Il n'est plus sur cette terre où il a fait tant de miracles d'amour. Vraiment nous ne savons où on l'a mis!

Il est ici, mes frères, à cette heure, pour vous presser de remplir votre devoir. Il me semble que je l'entends qui vous pose cette question : Combien avez-vous de pains pour ce peuple? Qu'avez-vous à lui donner?... Direz-vous que vous n'avez que deux pains... Direz-vous que vous n'avez que peu de chose, parce que les temps sont durs... Ils sont durs, oui, pour nos frères qui ont faim, mais ils ne le sont pas encore pour vous. Répondez, le Maître parle : *Qu'avez-vous à donner?* Riches... qu'avez-vous à donner, avant même d'avoir rien retranché de votre luxe, sans avoir ôté une tenture à vos élégantes demeures... en faisant seulement l'effort d'esprit et de cœur qui est nécessaire pour un acte vraiment géné-

reux? Vous qui êtes dans l'aisance, qui ne savez pas
ce que c'est qu'une privation, du sein de votre vie
confortable, qu'avez-vous à donner? Vous dont la
fortune est modique, mais qui ignorez la pauvreté,
qu'avez-vous à donner? Vous qui vivez du travail et
qui n'avez pas eu la douleur de l'interrompre forcé-
ment, qu'avez-vous à donner? Et toi, pauvre veuve,
n'as-tu plus la pite de ton nécessaire pour réjouir
Jésus-Christ? qu'as-tu à donner? Qu'avons-nous à
donner? ou plutôt que ne pouvons-nous pas donner
si nous le voulons aujourd'hui? Qui oserait dire encore : Nous n'avons que deux pains. Ainsi répond
l'égoïsme; mais c'est à la charité que je m'adresse.
Vous savez, mes frères, de quelle manière il a été ré-
pondu à de semblables appels dans un pays voisin.
Rien ne peut rendre l'élan de charité qui a entraîné
l'Angleterre ; riches et pauvres, tous ont offert leur
offrande ; ce qui a fait le fond de ce trésor sacré, ce
n'est pas tant l'or des classes riches que l'obole mul-
tipliée des classes ouvrières. Les Eglises ont été unanimes dans leur générosité ; elles ont été en tête du
mouvement. Oh! quand une telle réponse est faite
aux appels de la charité, soyez bien assurés que c'est
Jésus-Christ qui a directement posé aux cœurs et aux
consciences cette question : Qu'avez-vous à donner?
Répondez maintenant, non pas à moi, qui n'ai pas le
droit de vous interroger, mais répondez à Jésus-Christ.
Que pouvez-vous donner? Que pouvez-vous donner,

je ne dis pas seulement à ces concitoyens si rudement frappés et qui ont tant de titres à notre fraternelle compassion, mais à lui, à votre Sauveur, mis en croix pour vous ?

Oui, c'est bien ainsi que la question se pose. Ce que vous leur ferez, vous le lui ferez à lui-même. Il a faim avec ceux qui ont faim. Que pouvez-vous lui donner?... Direz-vous en face de ce divin pauvre que vous n'avez que deux pains ? Ces pains ne seront-ils pas multipliés à l'infini? Le miracle éternel de l'amour compatissant ne va-t-il pas s'accomplir? La charité du Christ vous pressera irrésistiblement, et vous comprendrez qu'on ne peut se contenter d'une chétive aumône en face de Celui qui s'est donné et immolé et dans la main duquel nous allons mettre notre offrande pour la multitude de nos frères qui ont faim!

Paris. — Typographie de Ch. Meyrueis et Cie, rue des Grès, 11.